Bernd Wehren

Mein Schreibschrift-Training

Fit in der Vereinfachten Ausgangsschrift

 PERSEN

13. Auflage 2024
© 2006 PERSEN Verlag, Hamburg

AAP Lehrerwelt GmbH
Veritaskai 3
21079 Hamburg
Telefon: +49 (0) 40325083-040
E-Mail: info@lehrerwelt.de
Geschäftsführung: Andrea Fischer, Sandra Saghbazarian
USt-ID: DE 173 77 61 42
Register: AG Hamburg HRB/126335
Alle Rechte vorbehalten.

Autorschaft:	Bernd Wehren
Covergestaltung:	TSA&B Werbeagentur GmbH, Hamburg
Coverillustration:	Katharina Reichert-Scarborough
Illustrationen:	Melanie Woicke (Hauptillustratorin); Katharina Reichert-Scarborough; Koloration: Nele Mohr
Satz:	Satzpunkt Ursula Ewert GmbH, Bayreuth
Druck und Bindung:	Korrekt Nyomdaipari Kft., Budapest

ISBN/Bestellnummer: 978-3-8344-3628-3
www.persen.de

Inhaltsverzeichnis

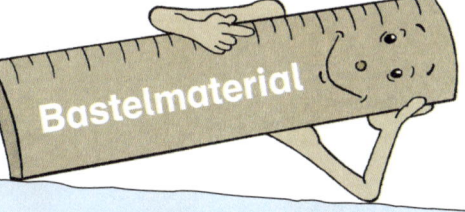

Mein Schreib-Pass

Hier können nach jeder bearbeiteten Geschichte passende Münder gemalt werden – von dir, deiner Lehrerin oder deinem Lehrer.

Geschichte	Aufgabe 1	2	3	4	5
Der Flaschengeist	☺	☺	☺	☺	☺
Eine wundersame Reise	☺	☺	☺	☺	☺
Die Flaschenpost	☺	☺	☺	☺	☺
Der Schatz der Piraten	☺	☺	☺	☺	☺
Besuch aus dem All	☺	☺	☺	☺	☺
Die Zeitmaschine	☺	☺	☺	☺	☺
Ein Roboter in der Schule	☺	☺	☺	☺	☺
Nico mag Laura	☺	☺	☺	☺	☺
Im Gruselschloss	☺	☺	☺	☺	☺
Der Zauberkasten	☺	☺	☺	☺	☺
Die Wunderblume	☺	☺	☺	☺	☺
Ein seltsames Tier	☺	☺	☺	☺	☺
Die verschwundenen Schätze	☺	☺	☺	☺	☺
Im Dorf der Zwerge	☺	☺	☺	☺	☺
Wenn kleine Monster träumen	☺	☺	☺	☺	☺
Die verzauberte Königin	☺	☺	☺	☺	☺
Im Mitmachzirkus	☺	☺	☺	☺	☺
Der Wolf und Rumpelstilzchen	☺	☺	☺	☺	☺

Super.　　Gut.　　Okay.　　Übe fleißig weiter.

Mein Schreibschrift-ABC

Mein Schreibschrift-ABC

Mein Schreibschrift-ABC

Qu

qu

R

r

S

s

T

t

U

u

Mein Schreibschrift-ABC

Der Flaschengeist

 1 Spure die Geschichte mit einem Stift nach.

① Omar findet in einer Kiste eine Flasche.

② In der Flasche befindet sich ein Geist.

2 Schreibe die Geschichte ab.

3 Lies. Male zu jedem Satz ein Bild.

① Omar findet in einer Kiste eine Flasche.	② In der Flasche befindet sich ein Geist.	③ Der Geist ruft: „Lass mich bitte heraus!"	④ Omar überlegt: „Soll ich die Flasche öffnen?"

③ Der Geist ruft:
„Lass mich
bitte heraus!"

④ Omar überlegt:
„Soll ich
die Flasche öffnen?"

 **Beantworte die Fragen in ganzen Sätzen.**

ⓐ Was findet Omar?

ⓑ Was ruft der Geist?

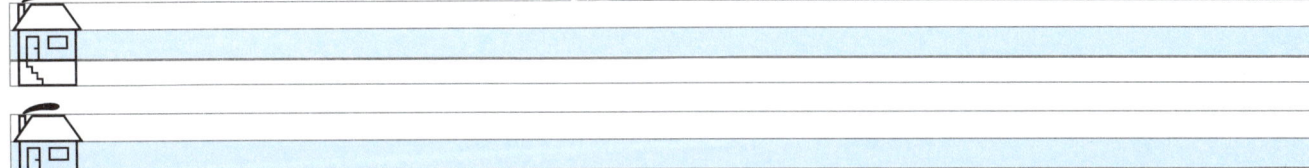

ⓒ Was überlegt Omar?

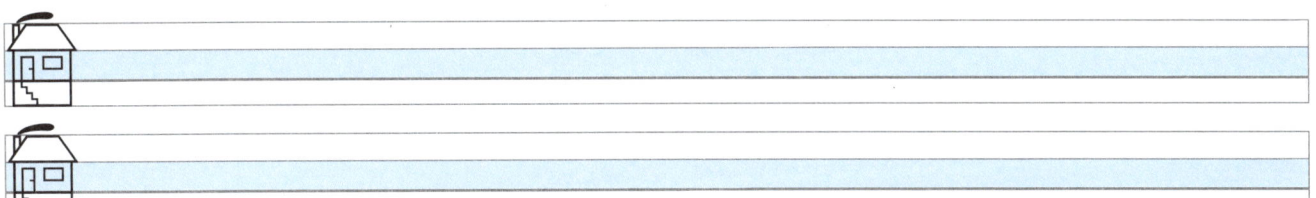

 **Wie geht die Geschichte weiter?**

ⓐ Spielt.

ⓑ Erzählt.

ⓒ Schreibt die Geschichte auf.

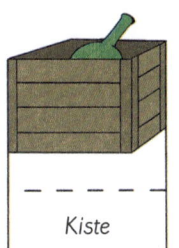
Kiste

Flasche

Geist

Eine wundersame Reise

 Spure die Geschichte mit einem Stift nach.

① Till und Mia toben auf einem Teppich.

② Auf einmal bewegt sich der alte Teppich.

 Schreibe die Geschichte ab.

 Lies. Male zu jedem Satz ein Bild.

① Till und Mia toben auf einem Teppich.	② Auf einmal bewegt sich der alte Teppich.	③ Till und Mia wundern sich sehr.	④ Der Teppich fliegt mit den beiden davon.

③ Till und Mia wundern sich sehr.

④ Der Teppich fliegt mit den beiden *davon*.

4 **Beantworte die Fragen in ganzen Sätzen.**

ⓐ Wer tobt auf dem Teppich?

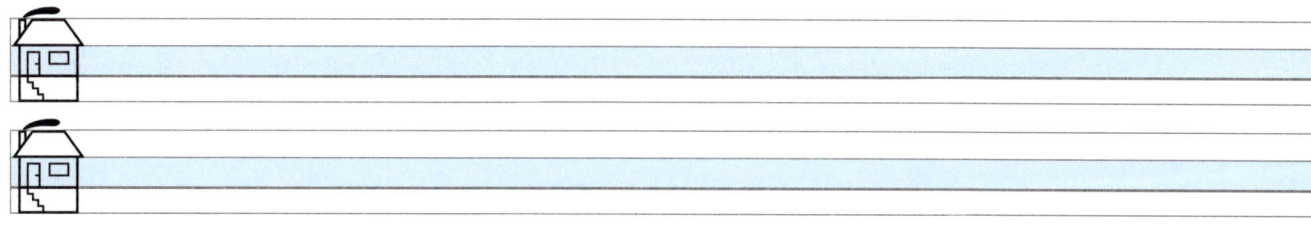

ⓑ Worüber wundern sich Till und Mia?

ⓒ Was passiert auf einmal?

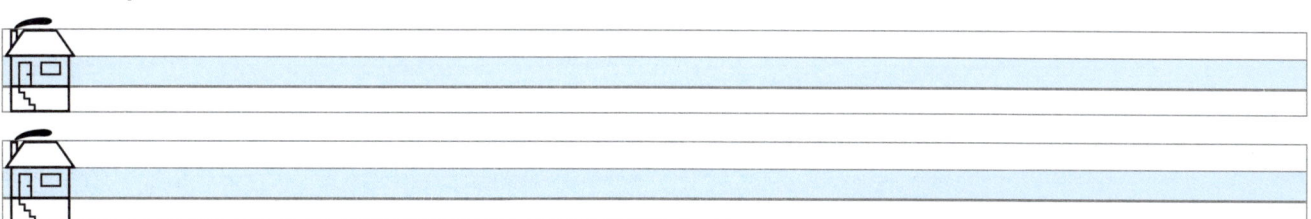

 **Wie geht die Geschichte weiter?**

ⓐ Spielt.

ⓑ Erzählt.

ⓒ Schreibt die Geschichte auf.

Till   Mia

Seite 47

Teppich

Die Flaschenpost

 1 Spure die Geschichte mit einem Stift nach.

① Lisa und Jonas spielen am Bach.

Im Bach schwimmt eine grüne Flasche.

 2 Schreibe die Geschichte ab.

 3 Lies. Male zu jedem Satz ein Bild.

① Lisa und Jonas spielen am Bach.	② Im Bach schwimmt eine grüne Flasche.	③ In der grünen Flasche befindet sich ein Brief.	④ Lisa und Jonas lesen den Brief.

③ In der grünen Flasche befindet sich ein Brief.

④ Lisa und Jonas lesen den Brief.

4 **Beantworte die Fragen in ganzen Sätzen.**

ⓐ Wer spielt am Bach?

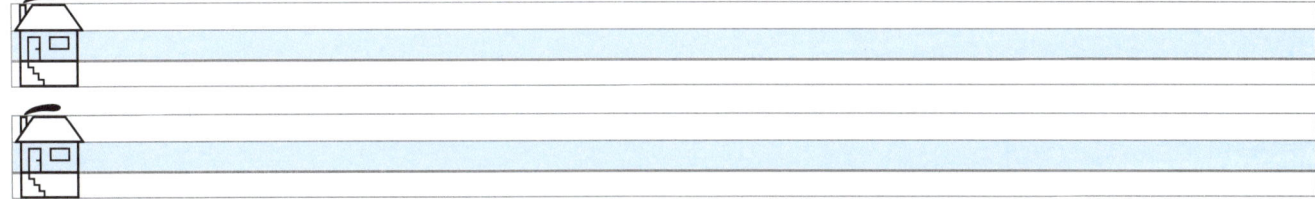

ⓑ Was schwimmt im Bach?

ⓒ Was befindet sich in der Flasche?

 **Wie geht die Geschichte weiter?**

ⓐ Spielt.

ⓑ Erzählt.

ⓒ Schreibt die Geschichte auf.

Seite 49

Flasche

Lisa

Bach

Der Schatz der Piraten

 1 Spure die Geschichte mit einem Stift nach.

① Alex und Kalle gehen in die Bücherei.

② Sie wollen ein Buch über Piraten lesen.

2 Schreibe die Geschichte ab.

3 Lies. Male zu jedem Satz ein Bild.

① Alex und Kalle gehen in die Bücherei.	② Sie wollen ein Buch über Piraten lesen.	③ Sie nehmen das Buch „Schätze der Piraten".	④ Da fällt eine alte Schatzkarte heraus.

③ *Sie nehmen das Buch „Schätze der Piraten".*

④ *Da fällt eine alte Schatzkarte heraus.*

 Beantworte die Fragen in ganzen Sätzen.

ⓐ Wer geht in die Bücherei?

ⓑ Was wollen die Jungen in der Bücherei tun?

ⓒ Was passiert, als sie das Piratenbuch öffnen?

 **Wie geht die Geschichte weiter?**

ⓐ Spielt.

ⓑ Erzählt.

ⓒ Schreibt die Geschichte auf.

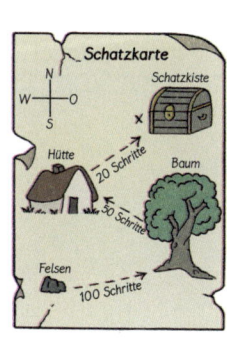

Besuch aus dem All

1 Spure die Geschichte mit einem Stift nach.

① Paul und Kim zelten nachts im Garten.

② Sie sehen viele Sterne am Himmel.

2 Schreibe die Geschichte ab.

3 Lies. Male zu jedem Satz ein Bild.

① Paul und Kim zelten nachts im Garten.	② Sie sehen viele Sterne am Himmel.	③ Da landet ein lila Ufo im Garten.	④ Ein Männchen steigt aus dem Ufo.

③ Da landet ein lila Ufo im Garten.

④ Ein Männchen steigt aus dem Ufo.

 4 **Beantworte die Fragen in ganzen Sätzen.**

ⓐ Was tun die Jungen im Garten?

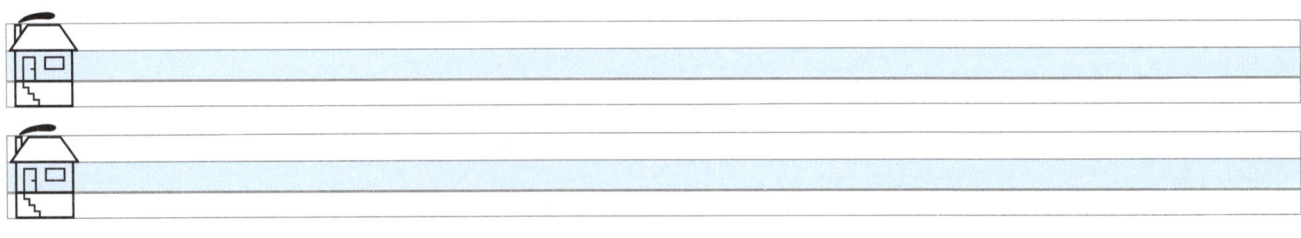

ⓑ Was sehen die Jungen am Himmel?

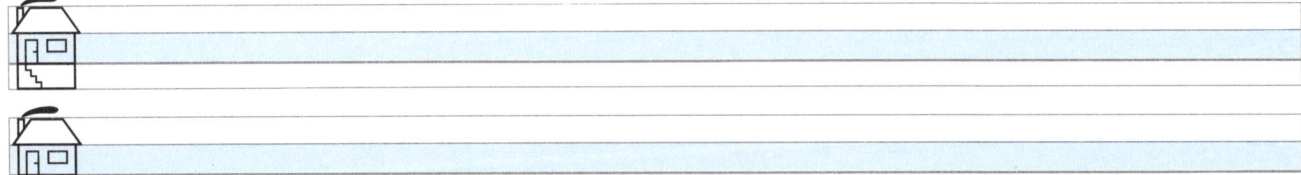

ⓒ Wer steigt aus dem Ufo?

 **Wie geht die Geschichte weiter?**

ⓐ Spielt.

ⓑ Erzählt.

ⓒ Schreibt die Geschichte auf.

Seite 51

Männ-
chen

Zelt

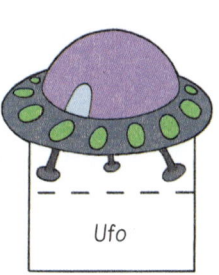

Ufo

Die Zeitmaschine

 Spure die Geschichte mit einem Stift nach.

① Tim und Lea bauen eine Zeitmaschine.

② Sie brauchen dafür viele Dinge.

 Schreibe die Geschichte ab.

Lies. Male zu jedem Satz ein Bild.

① Tim und Lea bauen eine Zeitmaschine.	② Sie brauchen dafür viele Dinge.	③ Sie wollen zu den Dinos reisen.	④ Vielleicht reisen sie auch zu den Rittern.

③ Sie wollen zu den Dinos reisen.

④ Vielleicht reisen sie auch zu den Rittern.

 4 Beantworte die Fragen in ganzen Sätzen.

ⓐ Was bauen die Kinder?

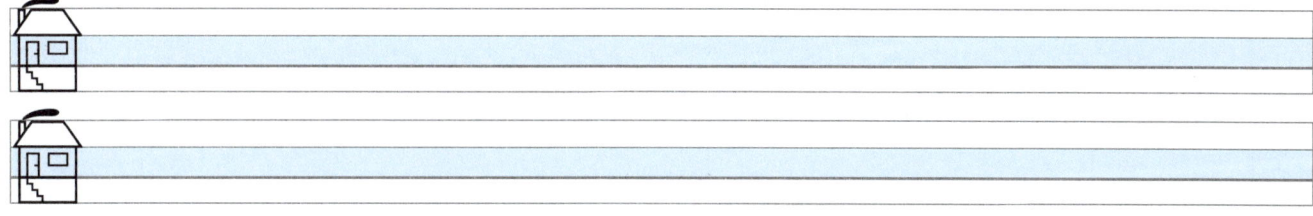

ⓑ Was ist eine Zeitmaschine?

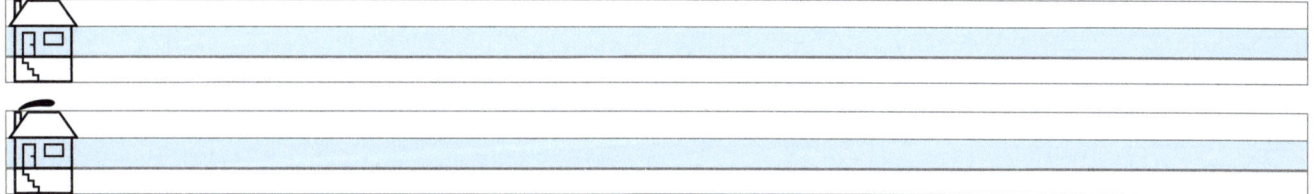

ⓒ Wohin wollen sie reisen?

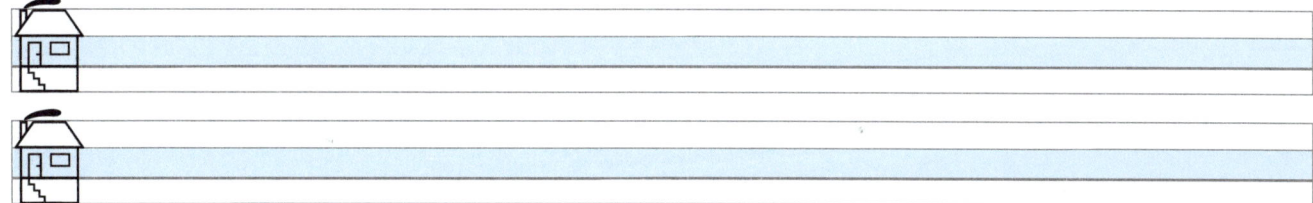

 **Wie geht die Geschichte weiter?**

ⓐ Spielt.

ⓑ Erzählt.

ⓒ Schreibt die Geschichte auf.

Seite 51

Zeitmaschine

Lea

Ritterburg

Ein Roboter in der Schule

 Spure die Geschichte mit einem Stift nach.

① Samira und Nina
basteln
einen Roboter.

② Der Roboter kann
rechnen, schreiben
und lesen.

 Schreibe die Geschichte ab.

Lies. Male zu jedem Satz ein Bild.

① Samira und Nina basteln einen Roboter.	② Der Roboter kann rechnen, schreiben und lesen.	③ Sie nehmen ihn mit in die Schule.	④ Der Roboter sagt: „Ich löse die Aufgaben."

③ *Sie nehmen ihn mit in die Schule.*

④ *Der Roboter sagt: „Ich löse die Aufgaben."*

4 **Beantworte die Fragen in ganzen Sätzen.**

ⓐ Wer bastelt einen Roboter?

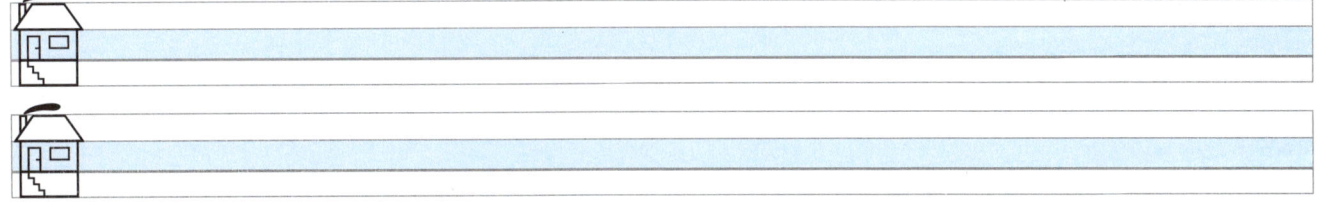

ⓑ Was kann der Roboter?

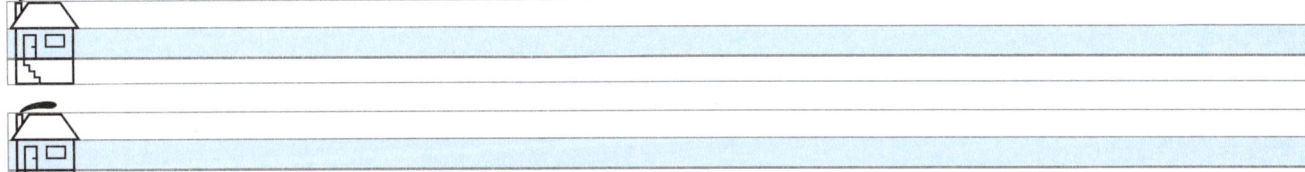

ⓒ Was sagt der Roboter in der Schule?

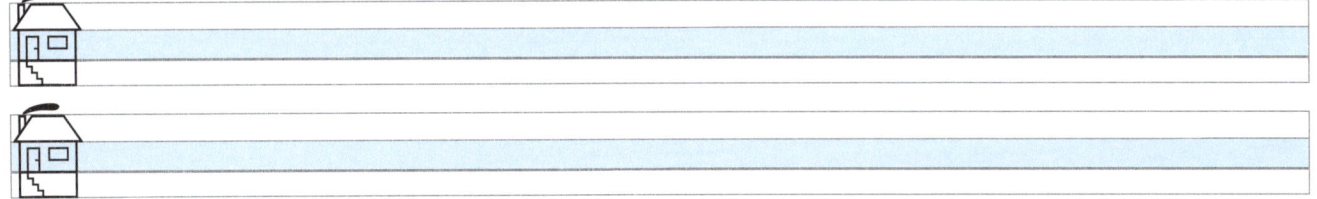

 **Wie geht die Geschichte weiter?**

ⓐ Spielt.

ⓑ Erzählt.

ⓒ Schreibt die Geschichte auf.

Seite 53

Nina

Roboter

Schule

Nico mag Laura

 1 **Spure die Geschichte mit einem Stift nach.**

① Nico mag Laura
und findet
sie hübsch.

② Er schreibt
ihr einen
netten Brief.

2 **Schreibe die Geschichte ab.**

3 **Lies. Male zu jedem Satz ein Bild.**

① Nico mag Laura und findet sie hübsch.	② Er schreibt ihr einen netten Brief.	③ In der Hofpause gibt Nico Laura den Brief.	④ Laura liest den Brief und lächelt.

③ In der Hofpause gibt Nico Laura den Brief.

④ Laura liest den Brief und *lächelt*.

 Beantworte die Fragen in ganzen Sätzen.

ⓐ Was denkt Nico über Laura?

ⓑ Was tut er?

ⓒ Was denkt Laura wohl?

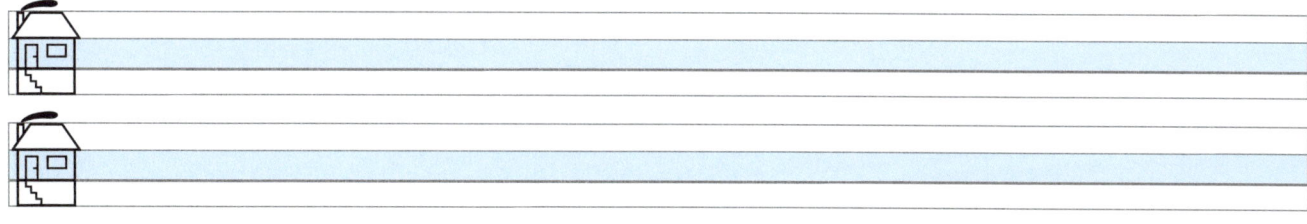

 **Wie geht die Geschichte weiter?**

ⓐ Spielt.

ⓑ Erzählt.

ⓒ Schreibt die Geschichte auf.

Seite 53

Nico

Laura

Im Gruselschloss

 1 **Spure die Geschichte mit einem Stift nach.**

① *Jan und Nadim gehen in ein altes Schloss.*

② *Im Schloss ist es kalt und dunkel.*

2 **Schreibe die Geschichte ab.**

3 **Lies. Male zu jedem Satz ein Bild.**

① Jan und Nadim gehen in ein altes Schloss.	② Im Schloss ist es kalt und dunkel.	③ Im Keller hören sie ein Geräusch.	④ Sie schleichen leise eine Treppe hinab.

③ *Im Keller hören sie ein Geräusch.*

④ *Sie schleichen leise eine Treppe* **hinab.**

 4 **Beantworte die Fragen in ganzen Sätzen.**

ⓐ Wie heißen die beiden Jungen?

ⓑ Was hören sie?

ⓒ Was tun die Jungen daraufhin?

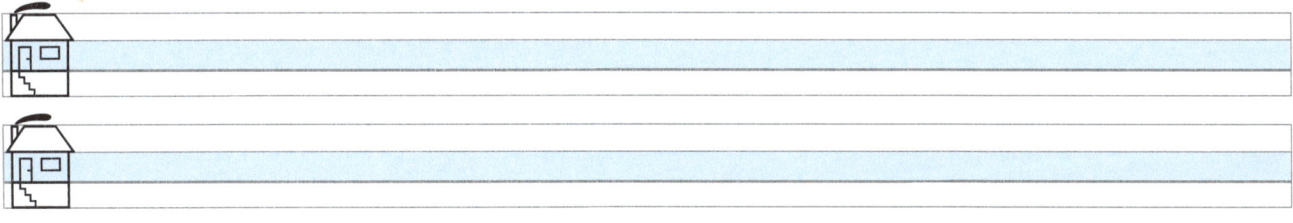

 **Wie geht die Geschichte weiter?**

ⓐ Spielt.

ⓑ Erzählt.

ⓒ Schreibt die Geschichte auf.

Seite 55

Treppe   Keller

Der Zauberkasten

 Spure die Geschichte mit einem Stift nach.

① *Max und Alena wollen zaubern.*

② *Sie kaufen einen Zauberkasten.*

 Schreibe die Geschichte ab.

Lies. Male zu jedem Satz ein Bild.

① Max und Alena wollen zaubern.	② Sie kaufen einen Zauberkasten.	③ Max sagt einen Zauberspruch auf.	④ Auf einmal ist Alena unsichtbar.

③ *Max sagt einen Zauberspruch auf.*

④ *Auf einmal ist Alena unsichtbar.*

 4 **Beantworte die Fragen in ganzen Sätzen.**

ⓐ Wer will zaubern?

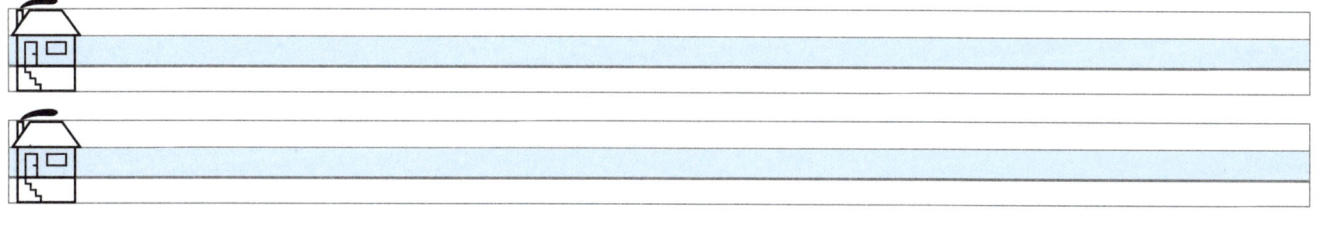

ⓑ Was sagt Max?

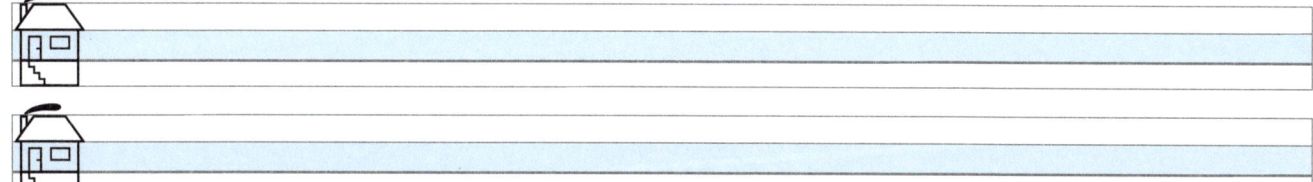

ⓒ Was passiert mit Alena?

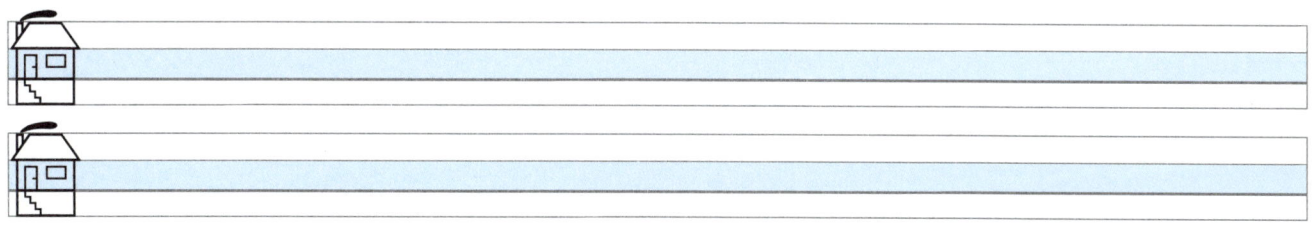

 **Wie geht die Geschichte weiter?**

ⓐ Spielt.

ⓑ Erzählt.

ⓒ Schreibt die Geschichte auf.

Seite 55

Zauberbuch

100 Zaubersprüche

Alena

Zauberkasten

Die Wunderblume

 Spure die Geschichte mit einem Stift nach.

① *Tobias pflanzt*

im Garten

eine Blume.

② *Am Abend*

gießt er

die schöne Blume.

 Schreibe die Geschichte ab.

 Lies. Male zu jedem Satz ein Bild.

① Tobias pflanzt im Garten eine Blume.	② Am Abend gießt er die schöne Blume.	③ In der Nacht wächst sie bis zum Mond.	④ Morgens staunt er und klettert hinauf.

③ In der Nacht wächst sie bis zum Mond.

④ Morgens staunt er und klettert hinauf.

 4 **Beantworte die Fragen in ganzen Sätzen.**

ⓐ Was pflanzt Tobias am Abend?

ⓑ Was passiert in der Nacht?

ⓒ Was macht Tobias am Morgen?

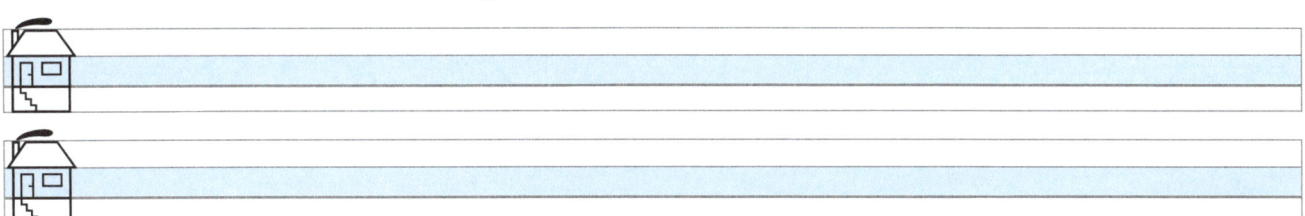

 **Wie geht die Geschichte weiter?**

ⓐ Spielt.

ⓑ Erzählt.

ⓒ Schreibt die Geschichte auf.

Seite 57

Mond

Garten

Blume

Blume

Ein seltsames Tier

 1 **Spure die Geschichte mit einem Stift nach.**

① Hanna spielt mit ihrem Kuscheltier.

② Ihr Kuscheltier ist ein brauner Hase.

2 **Schreibe die Geschichte ab.**

3 **Lies. Male zu jedem Satz ein Bild.**

① Hanna spielt mit ihrem Kuscheltier.	② Ihr Kuscheltier ist ein brauner Hase.	③ Der braune Hase heißt Hugo.	④ Hugo ruft: „Ich will an Karotten knabbern."

③ *Der braune Hase heißt Hugo.*

④ *Hugo ruft: „Ich will an Karotten knabbern."*

 4 **Beantworte die Fragen in ganzen Sätzen.**

ⓐ Wer ist Hugo?

ⓑ Was ist das Besondere an diesem Kuscheltier?

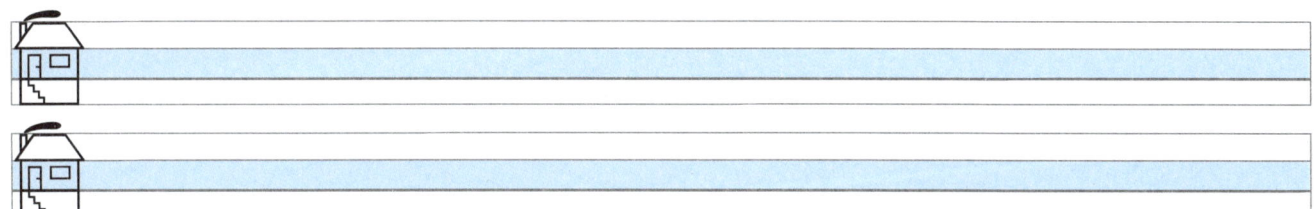

ⓒ Was sagt Hannas Kuscheltier?

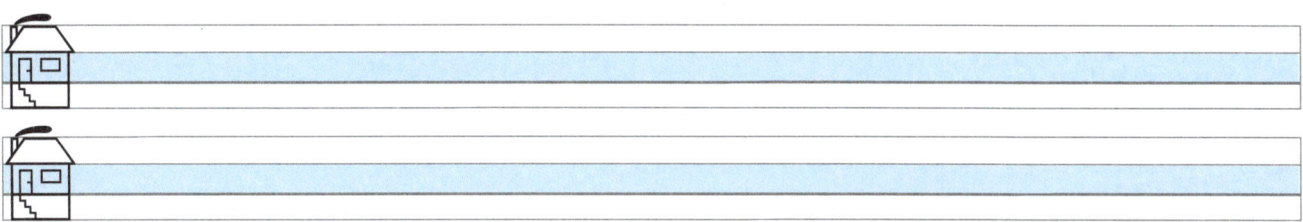

 **Wie geht die Geschichte weiter?**

ⓐ Spielt.

ⓑ Erzählt.

ⓒ Schreibt die Geschichte auf.

Seite 57

Hase Hugo

Hanna

Die verschwundenen Schätze

 1 Spure die Geschichte mit einem Stift nach.

① Der gute König hat viel Gold und Silber.

② Mit den Schätzen hilft er den Armen.

2 Schreibe die Geschichte ab.

3 Lies. Male zu jedem Satz ein Bild.

① Der gute König hat viel Gold und Silber.	② Mit den Schätzen hilft er den Armen.	③ Eines Tages klauen Räuber seine Schätze.	④ Der König ist traurig. Wer hilft ihm?

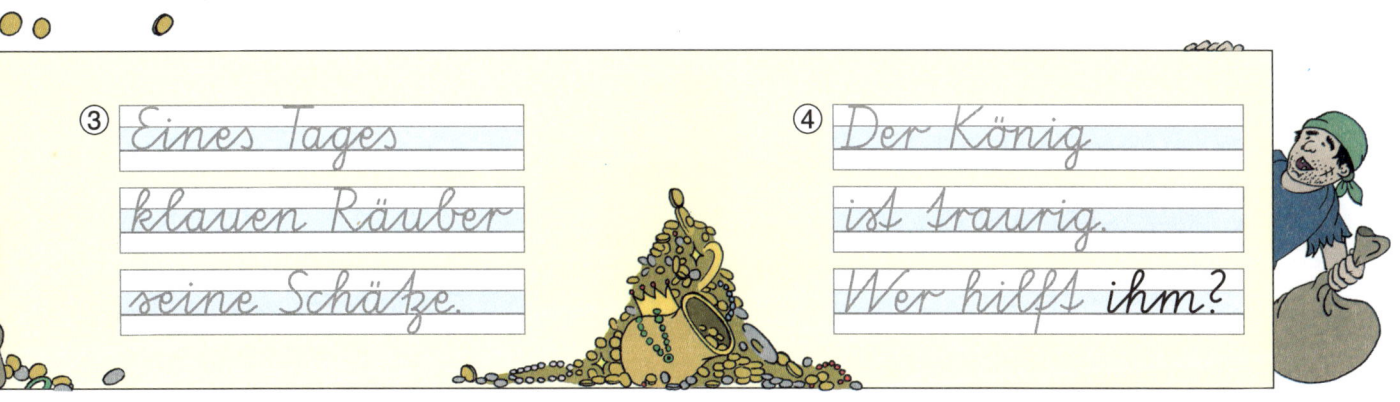

③ _Eines Tages klauen Räuber seine Schätze._

④ _Der König ist traurig. Wer hilft **ihm**?_

4 **Beantworte die Fragen in ganzen Sätzen.**

ⓐ Welche Schätze hat der König?

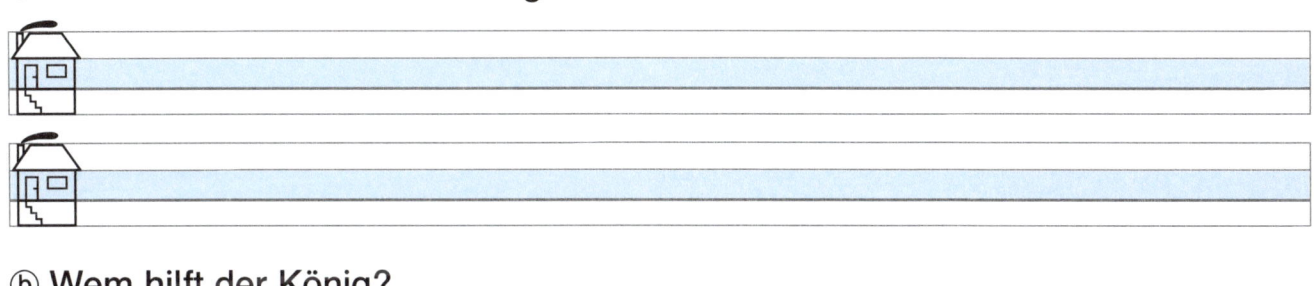

ⓑ Wem hilft der König?

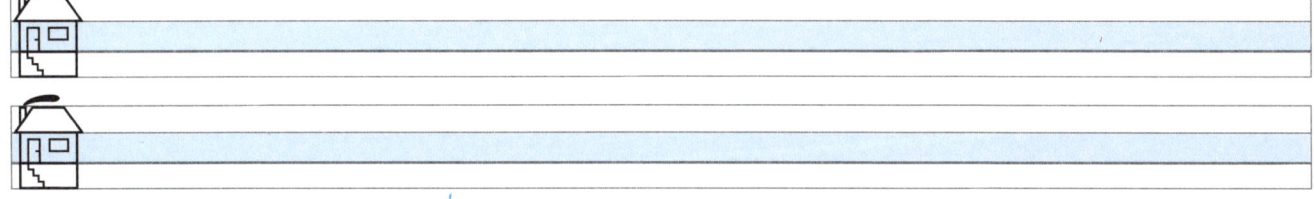

ⓒ Warum ist der König traurig?

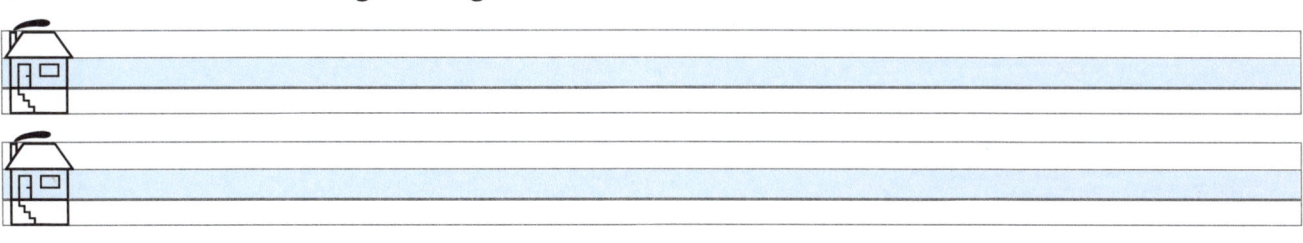

 **Wie geht die Geschichte weiter?**

ⓐ Spielt.

ⓑ Erzählt.

ⓒ Schreibt die Geschichte auf.

Seite 59

Schätze

König

Im Dorf der Zwerge

 Spure die Geschichte mit einem Stift nach.

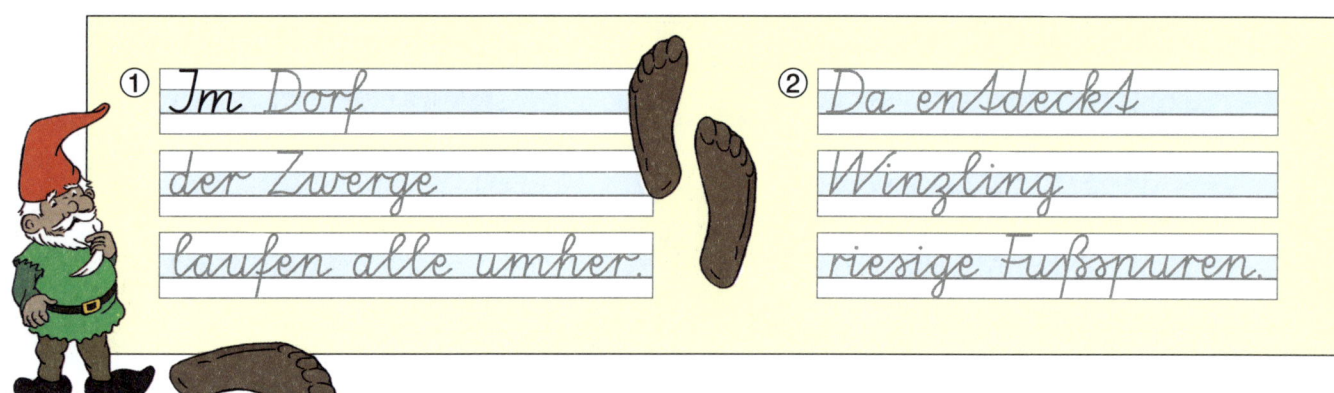

① Im Dorf
der Zwerge
laufen alle umher.

② Da entdeckt
Winzling
riesige Fußspuren.

 Schreibe die Geschichte ab.

 Lies. Male zu jedem Satz ein Bild.

① Im Dorf der Zwerge laufen alle umher.	② Da entdeckt Winzling riesige Fußspuren.	③ Zwerg Winzling ruft alle Zwerge herbei.	④ Plötzlich stampft ein Riese in das kleine Dorf.

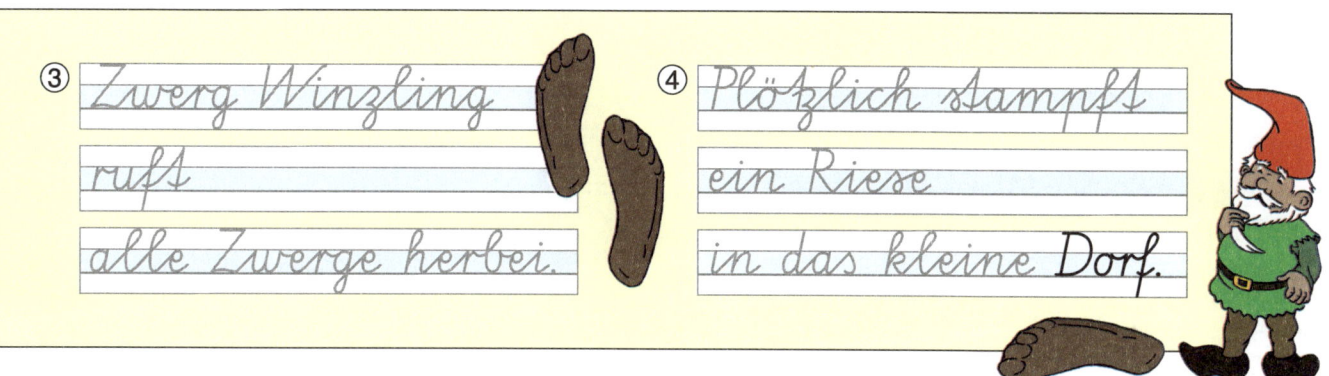

③ *Zwerg Winzling ruft alle Zwerge herbei.*

④ *Plötzlich stampft ein Riese in das kleine Dorf.*

 4 **Beantworte die Fragen in ganzen Sätzen.**

ⓐ Wo lebt Winzling?

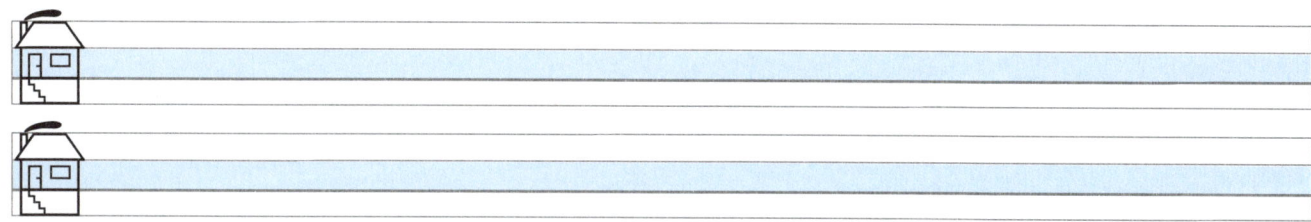

ⓑ Was entdeckt Winzling?

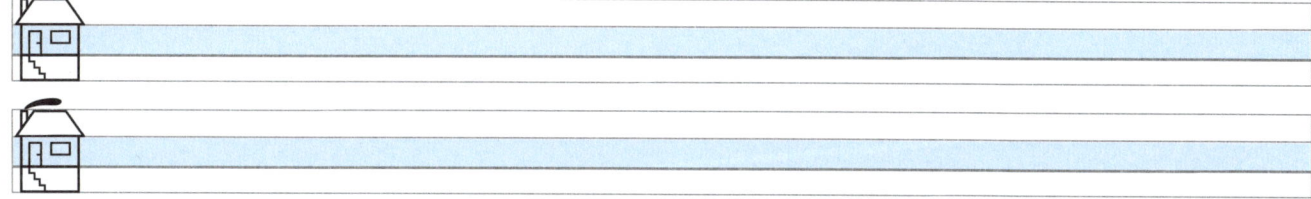

ⓒ Was tut der Riese?

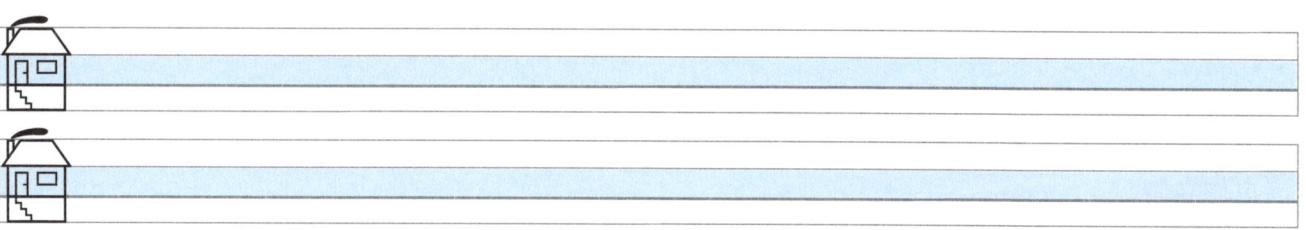

 **Wie geht die Geschichte weiter?**

ⓐ Spielt.

ⓑ Erzählt.

ⓒ Schreibt die Geschichte auf.

Winzling

Zwerge

Seite 59

Riese

Wenn kleine Monster träumen

 Spure die Geschichte mit einem Stift nach.

① *Das kleine*
grüne Monster
ist sehr müde.

② *Es legt sich*
ins Bett und
deckt sich zu.

 Schreibe die Geschichte ab.

Lies. Male zu jedem Satz ein Bild.

① Das kleine grüne Monster ist sehr müde.	② Es legt sich ins Bett und deckt sich zu.	③ Das kleine Monster macht die Augen zu.	④ Wovon das Monster wohl träumen wird?

③ *Das kleine Monster macht die Augen zu.*

④ *Wovon das Monster wohl träumen wird?*

 Beantworte die Fragen in ganzen Sätzen.

ⓐ Wer ist müde?

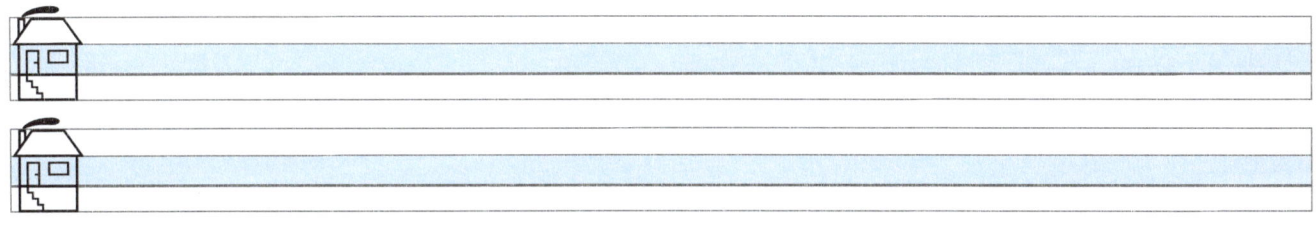

ⓑ Was macht das Monster?

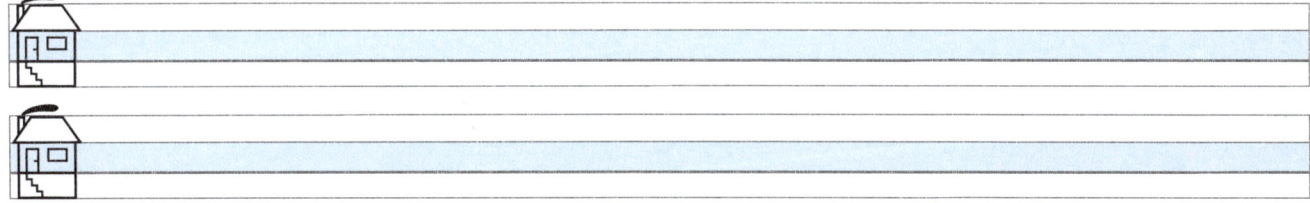

ⓒ Wovon träumt es wohl?

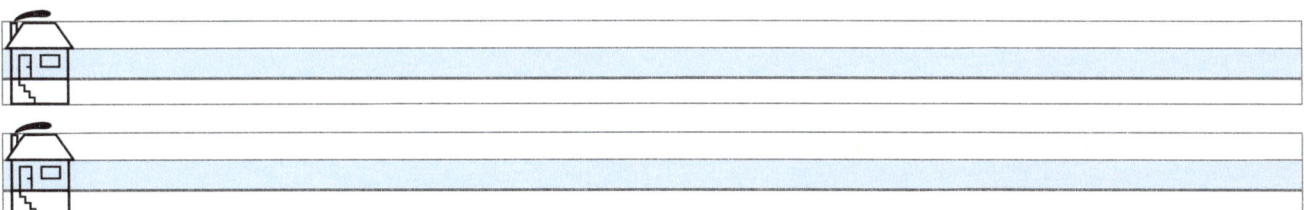

 **Wie geht die Geschichte weiter?**

ⓐ Spielt.

ⓑ Erzählt.

ⓒ Schreibt die Geschichte auf.

Seite 61

Monster

Bett

Die verzauberte Königin

 1 Spure die Geschichte mit einem Stift nach.

① Die böse Hexe hat die Königin verzaubert.

② Die Königin kann nicht mehr lachen.

2 Schreibe die Geschichte ab.

3 Lies. Male zu jedem Satz ein Bild.

① Die böse Hexe hat die Königin verzaubert.	② Die Königin kann nicht mehr lachen.	③ Wer hilft der schönen Königin? Und wie?	④ Da kommen drei kluge Brüder ins Schloss.

③ *Wer hilft der schönen Königin? Und wie?*

④ *Da kommen drei kluge Brüder ins Schloss.*

 4 **Beantworte die Fragen in ganzen Sätzen.**

ⓐ Wer hat die Königin verzaubert?

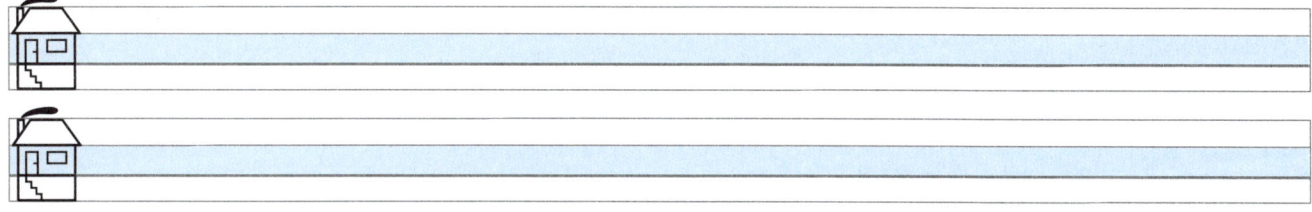

ⓑ Was kann sie nun nicht mehr?

ⓒ Wer kommt ins Schloss?

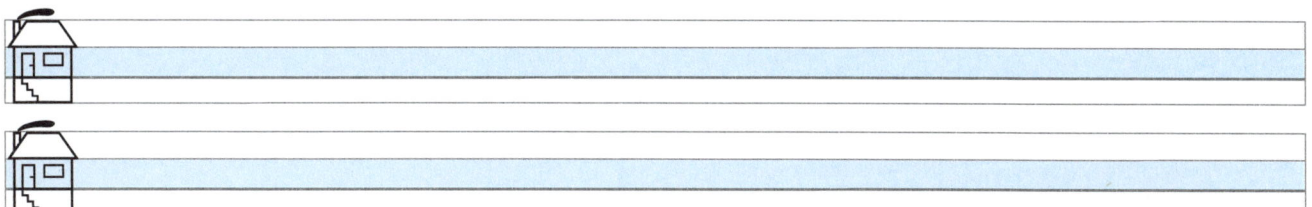

 **Wie geht die Geschichte weiter?**

ⓐ Spielt.

ⓑ Erzählt.

ⓒ Schreibt die Geschichte auf.

Seite 61

Hexe

Königin

Im Mitmachzirkus

1 **Spure die Geschichte mit einem Stift nach.**

① *Amelie und Luka gehen in den Zirkus.*

② *Sie sehen Zauberer, Clowns und Akrobaten.*

2 **Schreibe die Geschichte ab.**

3 **Lies. Male zu jedem Satz ein Bild.**

① Amelie und Luka gehen in den Zirkus.	② Sie sehen Zauberer, Clowns und Akrobaten.	③ Luka darf bei den Akrobaten mitmachen.	④ Amelie lacht über einen lustigen Clown.

③ Luka darf
bei den Akrobaten
mitmachen.

④ Amelie lacht
über einen
lustigen Clown.

 4 **Beantworte die Fragen in ganzen Sätzen.**

ⓐ Was gibt es im Zirkus zu sehen?

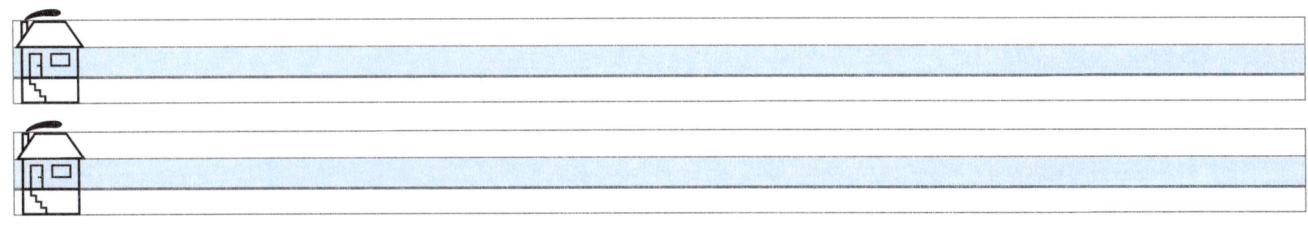

ⓑ Wobei darf Luka helfen?

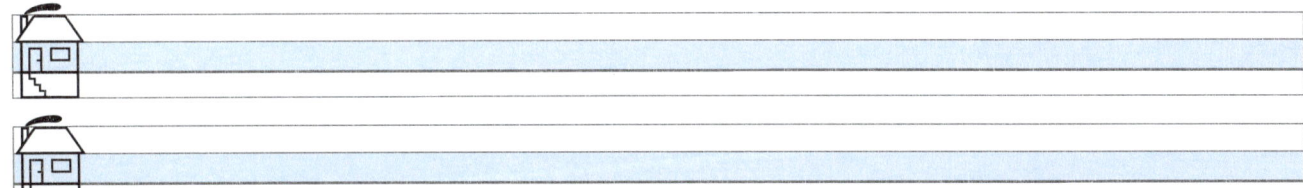

ⓒ Was macht Amelie?

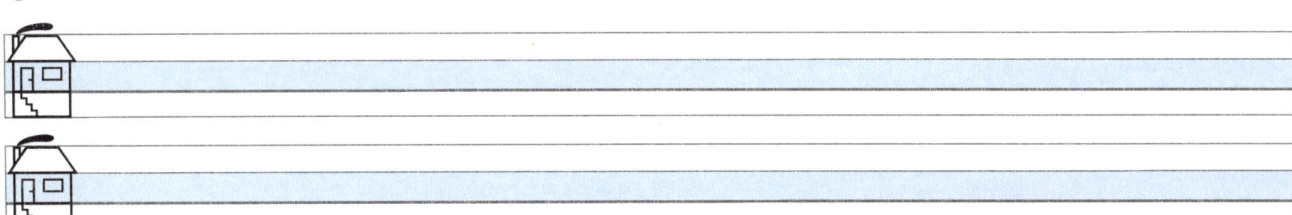

 **Wie geht die Geschichte weiter?**

Seite 63

ⓐ Spielt.

ⓑ Erzählt.

ⓒ Schreibt die Geschichte auf.

Zirkus

Zauberer

Der Wolf und Rumpelstilzchen

 Spure die Geschichte mit einem Stift nach.

① Der gute Wolf läuft durch den dunklen Wald.

② Da trifft er das traurige Rumpelstilzchen.

Schreibe die Geschichte ab.

Lies. Male zu jedem Satz ein Bild.

① Der gute Wolf läuft durch den dunklen Wald.	② Da trifft er das traurige Rumpelstilzchen.	③ Das sagt: „Ich habe meinen Namen vergessen."	④ Der Wolf meint: „Wir fragen die kluge Hexe."

③ Das sagt:
„Ich habe meinen
Namen vergessen."

④ Der Wolf meint:
„Wir fragen
die kluge Hexe."

 4 **Beantworte die Fragen in ganzen Sätzen.**

ⓐ Wer läuft durch den Wald?

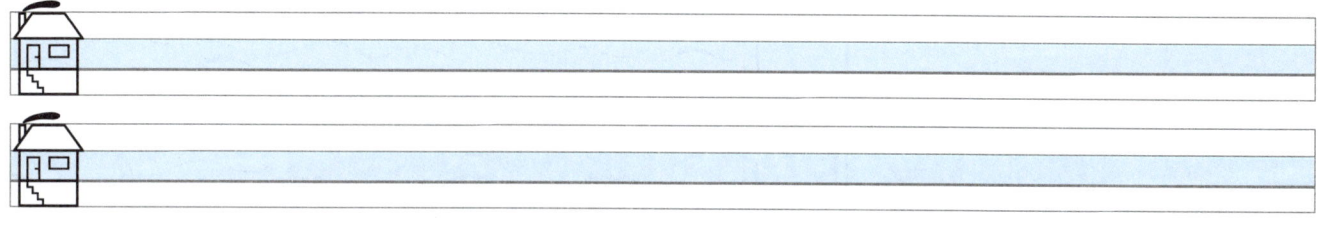

ⓑ Warum ist Rumpelstilzchen traurig?

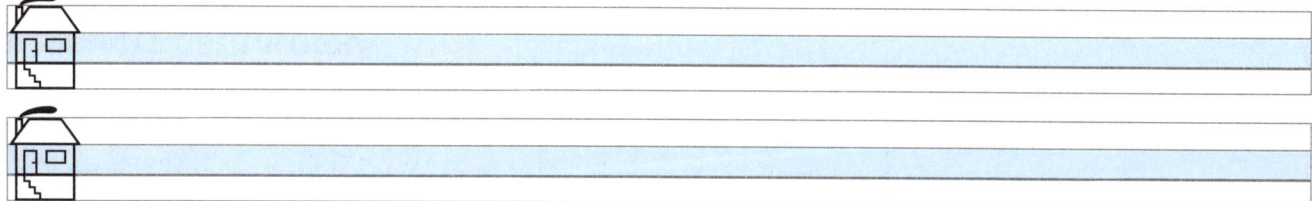

ⓒ Was wollen sie tun?

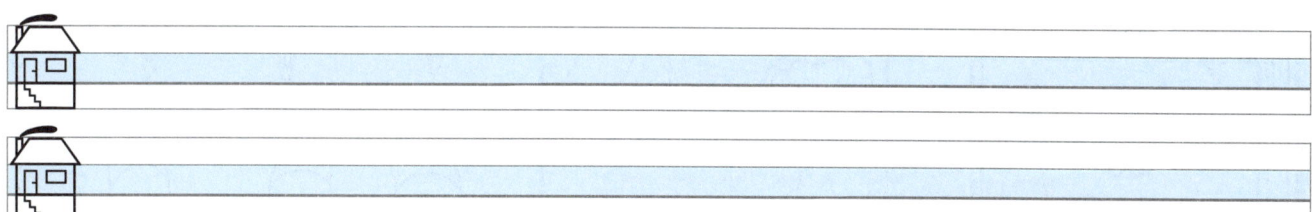

 **Wie geht die Geschichte weiter?**

ⓐ Spielt.

ⓑ Erzählt.

ⓒ Schreibt die Geschichte auf.

Wolf

Rumpel-
stilzchen

Seite 63

Hexenhaus

Urkunde

für

_____

(Name)

Herzlichen Glückwunsch!

Du hast fleißig dein Schreibschrift-Training
gemeistert und darfst dich nun

Schreibschrift-Profi

nennen!

_____

(Ort und Datum)

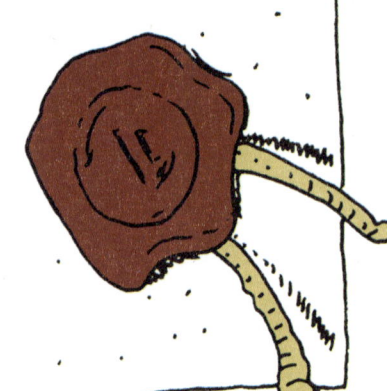

_____

(Unterschrift)

Der Flaschengeist

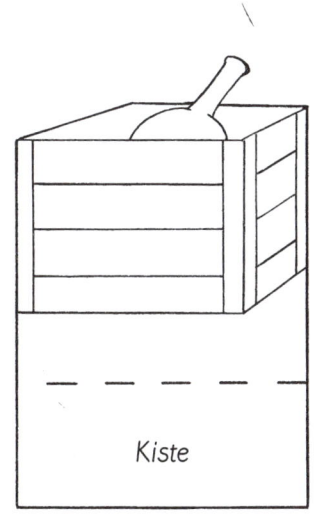

Kiste

Flasche

Geist

Omar

zu Seite 10/11

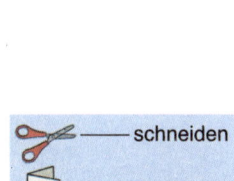

schneiden

knicken

Eine wundersame Reise

Teppich

zu Seite 12/13

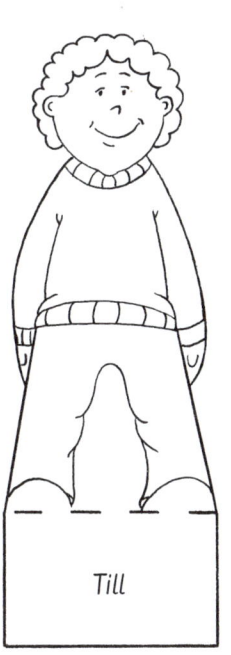

Till

Mia

Die Flaschenpost

Jonas

Lisa

Flasche

zu Seite 14/15

Bach

Brief

Der Schatz der Piraten

16/17

Alex

Kalle

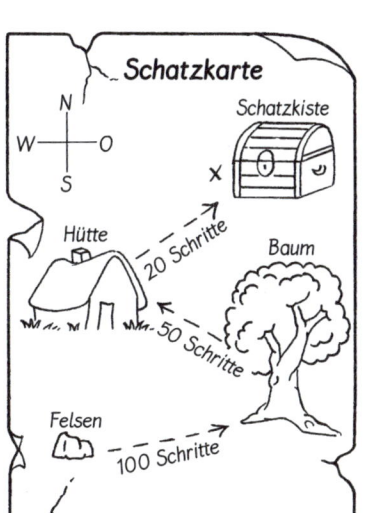

Schatzkarte

N
W   O
S

Schatzkiste

Hütte   20 Schritte

Baum

50 Schritte

Felsen   100 Schritte

Schätze der Piraten

Pferde

100 Spiele

Schätze der Piraten

Sonne, Mond und Sterne

Besuch aus dem All

zu Seite 18/19

Paul

Kim

Ufo

Männ-chen

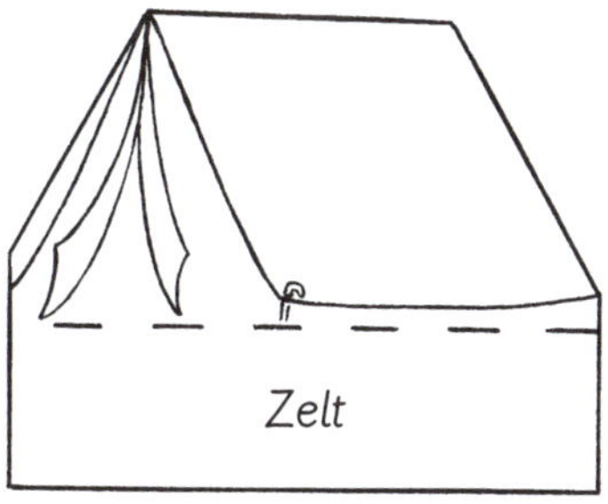

Zelt

Garten

Die Zeitmaschine

zu Seite 20/21

Tim

Lea

Zeitmaschine

Ritterburg

Dino

Ein Roboter in der Schule

Schule

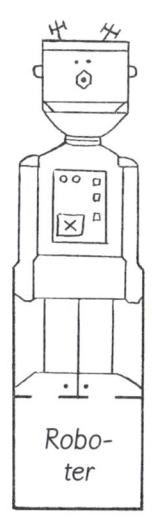

Robo-
ter

Samira

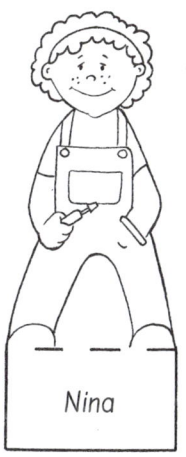

Nina

Nico mag Laura

Hallo, Laura!

Nico

Laura

An
Laura

Brief

Im Gruselschloss

zu Seite 26/27

Jan

Nadim

Schloss

Treppe

Keller

Der Zauberkasten

zu Seite 28/29

Max

Alena

Alena

100 Zaubersprüche

Zauberbuch

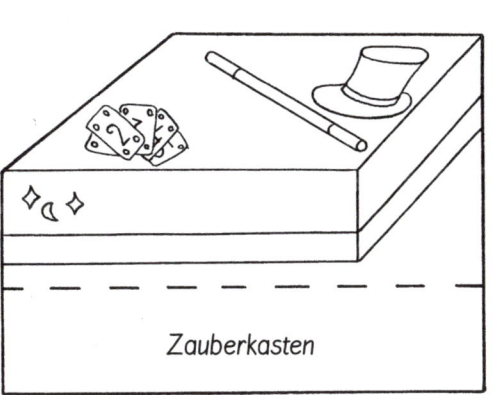

Zauberkasten

Die Wunderblume

zu Seite 30/31

Garten

Tobias

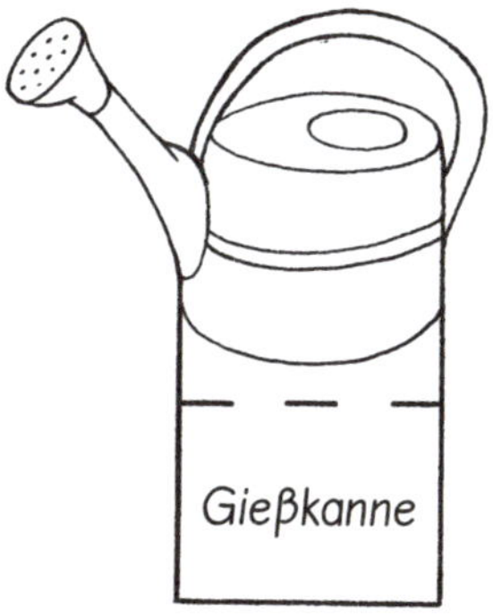

Gießkanne

Blume

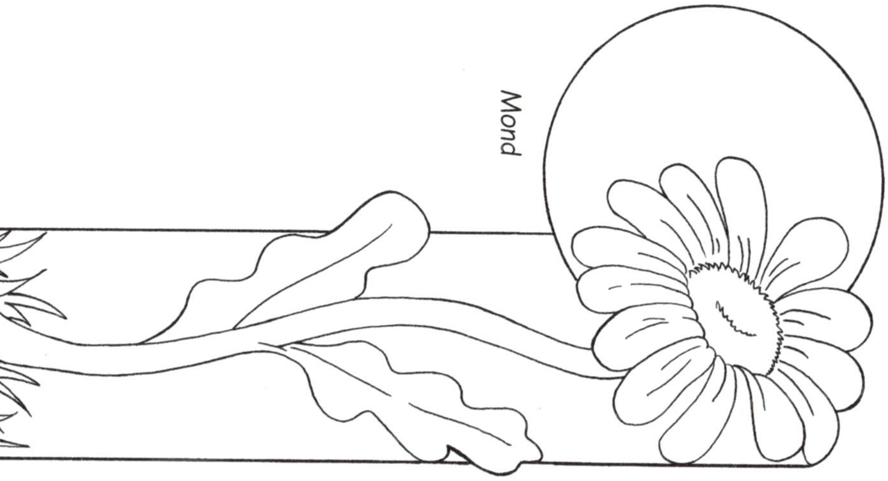

Blume

Mond

Ein seltsames Tier

zu Seite 32/33

Hase Hugo

Hanna

Die verschwundenen Schätze

zu Seite 34/35

König

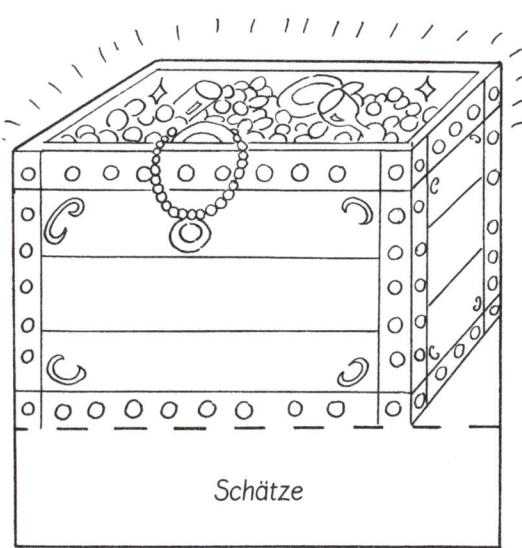

Schätze

Räuber

die Armen

Im Dorf der Zwerge

zu Seite 36/37

Riese

Winzling

Zwerge

Wenn kleine Monster träumen

zu Seite 38/39

Monster

Traum

Traum

Traum

Bett

Die verzauberte Königin

zu Seite 40/41

1. Bruder

2. Bruder

3. Bruder

Schloss

Königin

Hexe

Im Mitmachzirkus

zu Seite 42/43

| Luka | Amelie | Zauberer | Akrobaten | Clown |

Zirkus

Der Wolf und Rumpelstilzchen

zu Seite 44/45

| Wolf | Rumpel-stilzchen | Hexe |

Wald